AF391040

RECONSTITUTION

DE " L'HOMO MOUSTERIENSIS

OU NEANDERTHALENSIS "

PARIS

Le docteur Maurice FAURE

Lamalou, Nice

RECONSTITUTION
DE L' « HOMO MOUSTERIENSIS OU NEANDERTHALENSIS » (1)

---

572 : 611 (12.31)

La découverte de squelettes fossiles, à la fin du siècle dernier et au début de ce siècle, assez nombreux et bien conservés pour qu'il soit possible d'admettre l'existence de plusieurs races ou espèces humaines ayant précédé la nôtre, a considérablement accru le puissant intérêt qui s'attache à l'étude des origines de l'humanité. Ces espèces préhistoriques se sont échelonnées, pendant des temps fort longs, dont nous ne pouvons mesurer la durée exacte. Nous savons cependant, par le degré de fossilisation des os, par la nature des

---

(1) Mousteriensis, de *Monasterium*. La syllabe latine *ter* reste sans changement dans le corps du mot et devient *tier*, par euphonie, dans la dernière syllabe, qui porte l'accent tonique. Exemple : *Moustier, Moustérien*.

terrains auxquels ils étaient incorporés, par les restes d'animaux, de végétaux qui les accompagnaient, que ces squelettes fossiles proviennent d'êtres ayant vécu à des époques géologiques différentes. Cela nous conduit à admettre que la mesure de temps qui conviendrait, pour apprécier leur durée, est de l'ordre de grandeur de la dizaine ou plutôt de la centaine de milliers d'années qui mesurent les époques géologiques, et non du siècle ou du millénaire qui mesurent les époques historiques.

Nous savons qu'à des époques géologiques différentes correspondent habituellement des animaux différents ou, du moins, des modifications d'un même type animal. Nous devons donc en inférer que les ossements humains, situés dans des terrains de plusieurs époques, ne doivent pas appartenir à des races ou des espèces identiques, et leur comparaison confirme qu'il en est bien ainsi. Il n'est donc pas possible de représenter l'homme préhistorique sous les traits d'un seul type résumant l'évolution de plusieurs, car ce type serait conventionnel, schématique et nécessairement inexact.

Pour avoir la représentation juste de ces ancêtres disparus, il n'est point d'autre moyen que celui-ci : prendre un squelette, ou un groupe de squelettes semblables, étudier les insertions musculaires et figurer les muscles à leur place avec une substance plastique, puis recouvrir la maquette ainsi obtenue, par des traits extérieurs empruntés à des espèces déjà connues et les plus voisines du type cherché, mais en les adaptant à la morphologie générale de ce type. On peut ainsi, avec des connaissances anatomiques assez précises et étendues, beaucoup de patience et une absence complète de parti pris (si l'on ne redoute pas les essais infructueux et les tentatives avortées), acquérir, après quelques années d'entraînement, une expérience permettant d'aboutir à des réalisations assez exactes, et quelquefois très différentes de ce que l'on avait imaginé. C'est en procédant de cette manière, que Cuvier, à l'aide de portions de squelettes, a réussi à retracer des figures d'animaux préhistoriques, qui ont été démontrées ultérieurement comme justes. Il est évident que plus le nombre des pièces osseuses dont on dispose est grand, plus ces pièces sont analogues ou semblables entre elles (alors qu'elles proviennent d'individus différents), et plus les chances de reconstitution exacte sont grandes.

Tel est le cas pour les ossements humains de l'époque moustérienne. Bien que provenant d'individus distincts et d'âges variés, et même de plusieurs gisements très éloignés les uns des autres, ces ossements présentent une telle analogie qu'il est impossible de n'y point reconnaître les caractéristiques d'une race ou espèce humaine, bien distinctes de celles qui l'ont précédée et suivie, dans nos pays. Comme ces ossements sont, en outre, nombreux et variés, la reconstitution

de l'homme de l'époque moustérienne est donc scientifiquement possible et relativement facile.

Les caractéristiques principales de ce type humain sont bien connues : il est petit (1 m. 5o), trapu, de formes arrondies, avec une
musculature puissante ; il a un crâne long et volumineux, concave
dans sa partie frontale, avec de fortes bosses pariétales et un large
occiput, ses arcades sourcillières sont saillantes et ses deux maxil-
laires forment un museau rond et peu proéminent. Le rapport des
membres supérieurs aux membres inférieurs est à peu près le même
que de nos jours, mais les genoux sont fléchis, les cuisses écartées,
les jambes et les avant-bras relativement courts, de section ronde et
très massifs. Le pied repose surtout sur son bord externe et le gros
orteil est fortement écarté. L'attitude générale n'est pas entièrement
verticale, car la colonne vertébrale ne possède qu'une longue courbure dorsale et une courte courbure lombaire ; la nuque est large
et très puissante, le dos arrondi et très musclé, l'un et l'autre con-
tractés par l'effort perpétuel de redressement, dû à l'absence de l'équi-
libre vertical, qui n'est pas encore réalisé. Le bassin est haut, le
ventre saillant et le thorax cylindrique : tout l'ensemble indique
un animal puissant et agile, fait pour courir dans les rochers, sur un
sol inégal et abrupt.

Son aspect nous fait prévoir que les humanités préhistoriques ont
leurs morphologies et leurs filiations, encore obscures, mais person-
nelles et originales ; et que le singe anthropoïde contemporain, qui
a été si souvent pris pour type de cette personnalité et de cette filia-
tion, l'a été bien à tort. En remontant pas à pas, avec la certitude
scientifique, vers nos origines inconnues, nous arrivons à constater,

en effet, que la lignée humaine ascendante tend vers autre chose que l'orang, le gorille, ou le chimpanzé, et qu'elle ne compte dans son cours aucun de ces anthropoïdes : ceux-ci représentent une lignée différente, adaptée à d'autres besoins et vivant d'une autre vie.

Nous avons choisi le nom d' « Homo Mousteriensis », de préférence à tout autre, parce que l'épithète de « Mousteriensis » est bien connue et sert déjà à caractériser l'époque et l'industrie de ce type humain, auquel appartiennent les ossements de Canstadt, de Neanderthal, de la Naulette, de Gibraltar, de Spy, de Krapina, du Moustier, de La Chapelle-aux-Saints, de La Ferrassie, de La Quina, etc.

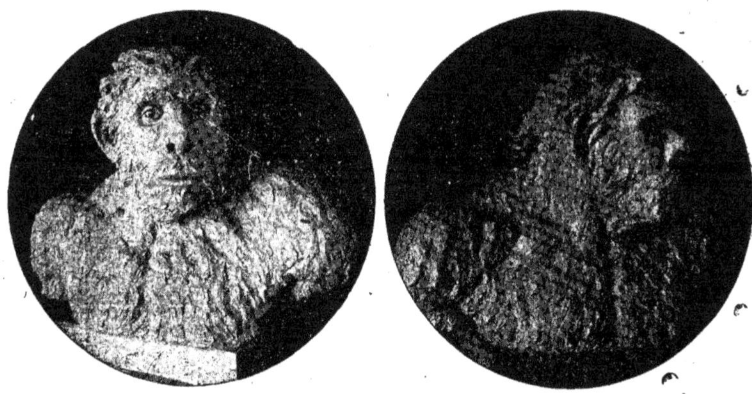

Les figures que nous présentons doivent être distinguées des publications antérieures inspirées des mêmes idées générales. Parfois, en effet, de grands artistes, entraînés par leur imagination, ont tenté de faire revivre ces souvenirs ancestraux. Mais, en examinant leurs œuvres, l'on constate qu'ils n'ont pas créé des types anatomiques nouveaux, mais seulement placé des figures d'hommes ou de singes contemporains, dans des attitudes supposées préhistoriques. D'autre part, les savants qui ont tenté d'extérioriser avec le crayon, le pinceau ou l'argile, leurs connaissances paléontologiques, ont manqué d'expression et de vie : les figures anatomiques qu'ils ont construites, d'ailleurs bien incomplètes, apparaissent, soit comme des fictions ou des allégories, soit comme des écorchés ou des momies. L'on n'y sent point la vie, qui résulte de l'anatomie en mouvement et de l'expression juste du sentiment ou de l'effort. Ce ne sont point des animaux en vie et agissant. Or, nous ne devons point douter que les êtres humains qu'il s'agit de représenter, ont réellement et fortement vécu, et qu'ils n'ont pas été des essais de la nature, des avortons mal venus tendant à un type meilleur, bien moins encore les représentants d'une dégénérescence humaine, sortes de ratés, d'infirmes, de mal bâtis, ainsi qu'on l'imagine trop volontiers. Il ne faut pas que la figure d'un de nos ancêtres fasse involontairement songer aux idiots et aux crétins de nos hospices, non plus qu'à des vieillards, des indigents et des débiles. Nos ancêtres n'étaient point des êtres pauvres et médiocres, intellectuellement et physiquement : ils étaient même certainement le contraire. Pour vivre et se développer, pour étendre leurs espèces sur toute la surface de la terre, pour s'adapter à toutes les conditions durant plusieurs époques géologiques différentes, pour dominer peu à peu les autres animaux, il leur a fallu beaucoup de force, de hardiesse et d'intelligence, et leur représentation doit exprimer tout cela. Puisque, à chaque époque de la terre, correspondent, habituellement, des types animaux distincts, l'homme de chaque époque disparue doit donc être un animal différent, ayant sa personnalité à lui, physiquement et moralement. Il n'est pas nécessaire que l'on reconnaisse, dans cette personnalité disparue, des traits humains contemporains ou des traits simiesques, et l'on ne peut la reconstituer comme une mosaïque, en empruntant des fragments anatomiques à ces deux animaux modernes. Chaque homme préhistorique a possédé une vie propre et une puissance d'action proportionnelle à l'importance de sa race et de son avenir. Si cette vie et cette action ne se manifestent point de la même manière que les nôtres, est-ce une raison pour en méconnaître l'existence et le rayonnement ?

Aristote a dit que la beauté et la perfection résultent de l'exacte adaptation d'une chose à ses fins. A ce titre, l'homme moustérien est beau, comme un fauve, parce qu'il est ce qu'il doit être pour vivre comme il a vécu. De nos jours, il serait laid, comme nous serions laids nous-mêmes, si nous étions nus et contraints de vivre de sa vie agreste et sauvage.

L' « homme moustérien » possédait un outillage de pierre taillée rudimentaire, mais déjà assez varié : râcloirs, perçoirs, haches, etc., et, sans doute, des armes de bois. Il s'abritait sous des roches en surplomb et dans des cabanes de bois et de feuillage. Il savait faire le feu et préparer des peaux pour faire des couvertures. Il se nourrissait de chasse, de pêche, de racines et de fruits sauvages. Il vivait par groupes nombreux, clans ou tribus, et formait une population dense, au moins dans certaines régions. Son ancienneté correspond géologiquement à la dernière période glaciaire dans nos pays. Cette époque a duré un temps fort long, que nous ne pouvons mesurer exactement, mais qui paraît être de l'ordre de grandeur de la centaine de milliers d'années.

Depuis combien de temps cette dernière époque glaciaire est-elle terminée ? Depuis plusieurs dizaines de milliers d'années assurément. Les géologues ne nous apportent point encore, à cet égard, de précisions assez grandes : cependant, l'on peut, sans crainte d'erreur, admettre le chiffre de 3o.ooo ans comme un minimum et supposer, avec vraisemblance, un chiffre bien supérieur.

C'est à peu près depuis ce moment que « l'homo mousteriensis »
a disparu de l'Europe occidentale. Peut-être son espèce s'est-elle pro-
longée dans d'autres régions jusqu'à des temps voisins des nôtres.
La récente découverte d'un crâne moustérien non fossilisé dans
l'Afrique australe (Brocken Hill) peut le faire supposer.

Quelles que soient son origine encore inconnue et ses migrations,
l'homme de Néanderthal, du Moustier, de La Chapelle-aux-Saints,
de La Quina et de Gibraltar, a certainement vécu dans l'Europe occidentale, des rives de la Mer du Nord au sud de l'Espagne, et des
Karpathes aux bords de la Dordogne, il y a une centaine de milliers
d'années. La représentation que nous avons figurée peut être consi-
dérée, non seulement comme la seule complète, mais aussi comme
anatomiquement et physiologiquement exacte, tout au moins avec le
degré de certitude relative, qui est celui de toutes les sciences biolo-
giques.